Erfolgreich im Onlinehandel

Maximaler Gewinn durch optimale Preisstrategien

von James Bennett

Vorwort

Zu welchem Preis soll ich meinen
Artikel im Internet einstellen?
Welchen Aufschlag sollte ich auf
meine Ware kalkulieren? Diese und
ähnliche Fragen plagen jeden
Onlinehändler früher oder später.

Im Onlinehandel läßt sich
heutzutage recht viel Geld
verdienen. Nur kommt es darauf an,
welche Preisstrategie man fährt. Die
Diskussion um den optimalen Preis

findet kein Ende. Während manche die Meinung vertreten, der Preis müsse sich am aktuellen Marktgeschehen orientieren, schwören andere auf höhere Preise, die durchaus auch machbar und realisierbar sind.

Den perfekten Preis gibt es leider wie so oft nicht. Das Internet ist zu transparent und die Preise ändern sich so oft und so schnell, dass man gezwungen ist, seine Preise ständig abzuändern und nachzubessern.

Amazon z. B. ändert seine Preise mehrmals täglich, abhängig von der Tageszeit und dem Wochentag und verfügt hierbei natürlich über Mechanismen, die uns übrigen Händlern nicht zur Verfügung stehen. Man könnte jetzt natürlich ständig die Preise vergleichen, Marktrecherchen durchführen und die Preise stetig nachbessern, nur um dann festzustellen, dass andere Händler einen selber binnen Sekunden schon wieder unterboten haben. Das erledigen heutzutage sogenannte Repricer. Hier kann man festlegen um wie viel Prozent oder wie viel Cents das günstigste Angebote unterboten werden soll. Eine manuelle Preisanpassung auf Grundlage des Wettbewerbs ist hier wenig zielführend. Das wäre ein Kampf gegen Windmühlen und fast aussichtslos.

Besser ist es, eine individuelle Pricing-Strategie zu haben, die in allen Marktlagen funktioniert und bei welcher man den maximalen

Gewinn herausholt. Immer der günstigste zu sein, bringt einen Händler auf Dauer in die Verlustzone und das kann ja nicht Sinn der Sache sein.

In diesem Ratgeber stelle ich Ihnen meine ganz persönliche Herangehensweise vor, die sich im Laufe der Jahre bewährt und perfektioniert hat. Hierbei versuche ich Waren, die sich nicht oder schwer verkaufen lassen, günstiger, mitunter auch mit Verlust zu verkaufen und Topseller immer teurer zu machen. Und das funktioniert und bringt unter dem Strich den größtmöglichen Profit.

Was soll mein Artikel kosten

Die einfachste Variante, zu welchem Preis Sie einen Artikel bei Amazon oder eBay einstellen können wäre ein Faktor von 2 bis 3 auf den Netto-Einkaufspreis. Der Aufschlag ist abhängig vom Einkaufspreis. Bei Preisen unter 10 EUR müsste der Faktor 3 betragen.

Beispiel für die Berechnung des Verkaufspreises für einen freipreisigen Artikel bei Amazon:

Legen wir zugrunde, dass Sie ein Warenwirtschaftsystem verwenden, für welches Ihr Anbieter eine Provision von 3% berechnet. Da diese Provision vom Bruttoumsatz gerechnet wird, müssen wir hier die Mehrwertsteuer in Höhe von 19% noch hinzuaddieren. Die Gesamtprovision beträgt also 3,57%. Amazon verlangt pro verkauftem

Artikel eine variable Verkaufsprovision in Höhe von meist 15% bei Medienartikeln wie Büchern, DVDs, CDs etc. Hinzu kommt noch eine feste Verkaufsgebühr, die je nach gewähltem Verkäuferkonto variiert. Wenn Sie gewerblicher Verkäufer sind und eine USt.-ID hinterlegt haben, beträgt diese Gebühr EUR 1,01 pro verkauftem Artikel. Somit kommen wir auf Gesamtgebühren von 18,57% plus EUR 1,01 zuzüglich der realen Versandgebühren. Für die

Versandgebühren nehmen wir der Einfachheit halber den Durchschnittswert zwischen einer Warensendung für EUR 1,90 und einem Hermes oder DPD-Paket für EUR 4,50, also EUR 3,20 plus nochmal EUR 0,20 für Verpackungsmaterial und Papier-/Druckkosten. Sollten Ihre Kosten höher sein, passen Sie die Rechnung bitte entsprechend an.

Nun zur Berechnung:

Einkaufspreis: 5,00 EUR

MWSt. 19%: 0,95 EUR

Verkaufspreis: (EK netto x 3) =

15,00 EUR

Amazon-Gebühren variabel (15%

von EUR 15,00): 2,25 EUR

Amazon-Gebühren fest: EUR 1,01

Provision Warenwirtschaftssystem

(3,57%): 0,54 EUR

Verpackung und Versand: EUR 3,40

Nach Abzug aller Kosten bleibt ein

Bruttogewinn in Höhe von 1,85

EUR, oder netto 1,56. Dies ist eine übliche Rendite im Onlinehandel.

Bei Artikeln, die einen Höheren Einkaufspreis haben fällt der Aufschlag auf den EK dann entsprechend niedriger aus. Wenn Sie für einen Artikel 10 EUR oder mehr netto bezahlen, beträgt der Faktor nur noch 2,2:

Einkaufspreis: 10,00 EUR
MWSt. 19%: 1,90 EUR
Verkaufspreis: (EK netto x 2,2) =

22,00 EUR

Amazon-Gebühren variabel (15%
von EUR 15,00): 3,30 EUR

Amazon-Gebühren fest: EUR 1,01

Provision Warenwirtschaftssystem
(3,57%): 0,79 EUR

Verpackung und Versand: EUR 3,40

Nach Abzug aller Kosten bleibt ein
Bruttogewinn in Höhe von 1,60
EUR, oder netto 1,34.

Ab einem Nettoeinkaufspreis von ca.
EUR 12,50 kann der Faktor dann

ruhig 2, und bei höherpreisigen Artikel durchaus auch mal weniger als 2 betragen.

ebay

Bei eBay verhält es sich ganz ähnlich. Dort gibt es auch die variable Verkaufsgebühr von meist 12% (wenn Sie Topseller sind, gibt es Rabatt auf diese Prosivion von 5% oder mehr) und die feste Gebühr in Höhe von EUR 0,35 für empfangene PayPal-Zahlungen. Als Geldempfänger zahlen Sie je nach

Umsatz zwischen 1,7% bis 1,9%
PayPal-Gebühren plus EUR 0,35 pro
Transaktion. Also können Sie auch
hier obige Rechenbeispiele
anwenden.

Wenn Ihnen stattdessen ein fester
Aufschlag in Prozent oder in Euro
lieber ist und Sie pro verkauftem
Artikel meinetwegen EUR 0,50 oder
2% auf Ihren Einstandspreis
inklusive aller Gebühren
draufrechnen möchten, können Sie
sich auch eine Excel- oder

Openofficevorlage mit folgender Formel erstellen:

(EK + MWSt. + Gebühr fest + Versandkosten real + Verpackungsmaterial + Minimumprofit) / (100-Verkaufsgebühren in %).

Für Amazon wäre das:
(EK + MWSt. + Gebühr fest(EUR 1,01) + Versandkosten real + Verpackungsmaterial + Minimumprofit) / 0,8143.

Hier gehen wir von Gebühren in
Höhe von 18,57% (Verkaufsgebühr
variabel: 15%, Verkaufsbeteiligung
Warenwirtschaftssystem 3.57%) aus.

Und für eBay:
(EK + MWSt. + Gebühr fest (EUR
0,35 + Versandkosten real +
Verpackungsmaterial +
Minimumprofit) / 0,8273

Hier gehen wir von Gebühren in
Höhe von 17,27% (Verkaufsgebühr
variabel: 12%, Verkaufsbeteiligung

Warenwirtschaftssystem 3.57% und PayPal 1,7% aus.

Bitte passen Sie die Werte dann für sich an, falls Ihre Gebühren abweichend sein sollten.

Der Vorteil hier ist, dass Sie immer den gewünschten Aufschlag als Gewinn erhalten. Die Gebühren werden immer am Ende hinzuaddiert und der nötige Verkaufspreis wird angezeigt.

Preisanpassung

Meine Erfahrung hat gezeigt, dass es nicht unbedingt Sinn macht, den günstigsten Preisen hinterherzujagen, denn sonst wird eine Spirale in Gang gesetzt die gen 1 Cent geht. Ein weiterer Nachteil ist, dass so die Preise kaputtgemacht werden. Gute Ware soll ja schließlich auch etwas kosten und glauben Sie mir, Kunden sind gern bereit, auch mal mehr auszugeben. Es kommt nicht unbedingt auf den Preis an.

Andere Dinge wie z. B. der Ruf und das Vertrauen sind weitaus wichtiger, das haben Studien mehrfach belegt.

Kalkulieren Sie Ihre Preise ruhig nach diesem Modell und warten Sie 30 Tage. Sollte der Preis nicht angenommen werden oder der Verkauf nur schleppend anlaufen, kommt dann die Feinjustierung.

Preisabschläge

Wenn sich ein Artikel nach 30 Tagen nicht verkauft hat, setze ich seinen Preis täglich um einen gewissen Betrag herunter. Da das Auge bekanntlich „mitißt" achte ich auf optisch schöne Preise. Ein Preis von 17,83 sieht nicht so ansprechend aus wie etwa 17,90.

Ich habe mir dazu eigens eine Tabelle mit verschiedenen Preisbereichen und dem jeweiligen täglichen Abschlag angelegt:

Preis bis 5 EUR:
Neuer Preis nach Abschlag: EUR
4,99, 4,95, 4,90, 4,89, 4,85, 480,
4,79 usw.

Preis von 5 EUR bis 10 EUR:
Neuer Preis nach Abschlag: EUR
9,95, 9,90, 9,80, 9,75, 9,70, 9,60,
9,50, 9,40, 9,30, 9,25, 9,20 usw.

Preis von 10 EUR bis 30 EUR:
Neuer Preis nach Abschlag: EUR

29,90, 29,40, 28,90, 28,40, 27,90, 27,40 usw.

Preis von 30,- EUR bis 100,- EUR: Neuer Preis nach Abschlag: EUR 99,99, 98,99, 97,99, 96,99, 95,99 usw.

Die Preise könnten hier wahlweise auch auf 95 oder 90 enden (Beispiel: 88,95 oder 82,90).

Preisaufschläge

Sowohl bei eBay als auch bei Amazon ist es so, dass Artikel, die am längsten online sind und am öftesten angesehen und/oder gekauft werden im Ranking steigen. Diesen Umstand können Sie sich als Händler wunderbar zu nutze machen. Sobald der erste Artikel verkauft wurde, können Sie mit dem Preis heraufgehen. Und je mehr Verkäufe Sie haben, umso höher fällt der Aufschlag dann aus.

Die folgende Formel wird Ihnen zu mehr Umsatz für die gleiche Anzahl an verkauften Artikeln und somit zu mehr Gewinn verhelfen. Hierbei geht es nach der Menge der verbleibenden Artikel. Alle Artikel, die Sie noch 12 mal oder mehr auf Lager haben werden bei jedem Verkauf um ein Prozent teurer gemacht. Auch kann und sollte man selbstverständlich die Preise optisch ansprechend gestalten, also z. B. statt 5,92 lieber 5,95.

Wenn Sie weniger als 12 Artikel auf Lager haben rechnen Sie 12 abzüglich der Anzahl der Artikel und schlagen diesen Wert als Prozent auf den Verkaufpreis drauf. Wenn Sie beispielsweise noch 5 Stück auf Lager haben wäre das ein Aufschlag von 7%, bei 3 Artikeln wären es 9%.

Wenn Sie nur noch 2 Artikel haben beträgt der Aufschlag 10% und beim letzten Artikel schlagen Sie ruhig 100% drauf. Das hat gleich mehrere Vorteile. Wenn Sie den Artikel nachbestellen können und er noch lieferbar ist, wird sich der Artikel wahrscheinlich nicht verkaufen, aber Sie behalten solange bis Nachschub kommt Ihr Ranking und müssen nicht wieder von vorne anfangen um Verkäufe zu generieren. Durch das bis dahin sehr gute Ranking kann es natürlich auch passieren, dass der letzte Artikel verkauft wird. Freuen Sie sich in diesem Fall über die hohe Marge.

Oder aber, was natürlich noch besser

ist, der Artikel ist vergriffen und nur wenige Händler bieten diesen Artikel an. In diesem Fall werden die Kunden gern den geforderten Preis bezahlen und Ihre Marge ist super.

Die Mischung macht's

Sie sollten dann in der Praxis beide Strategien miteinander verbinden. Wenn sich ein Artikel nicht verkauft, gehen Sie täglich mit dem Preis herunter. Wird dieser dann verkauft, verteuern Sie den Artikel. Am nächsten Tag wird er dann wieder billiger, so er sich nicht mehr verkauft usw. Auf diese Weise holen Sie das Maximum an Gewinn heraus und trennen sich von Ladenhütern. Alle Artikel, die Sie mit Verlust verkaufen, werden natürlich nicht mehr nachgeordert. Diese werden zwar mit Verlust verkauft, jedoch wäre es weitaus teurer für Sie, diese im Lager oder im Laden stehen zu lassen, denn dann kämen noch Lager- und Handlingskosten hinzu.

Ich wünsche Ihnen viel Spaß und viel Erfolg!